AF564069

LE PAYSAN

SOCIALISTE

LE

PAYSAN

SOCIALISTE

JOURNAL ET MAXIMES

D'UN

VIEUX RURAL

PAR

MANZUTH

Cultivateur à Saint-Pompain (Deux-Sèvres)

SAINT-MAIXENT

IMPRIMERIE DE *LA SÈVRE*

1874

NIORT, 12 JUIN 1863 (*).

Pourquoi toujours ce regrettable oubli des pensées de Napoléon Ier à l'égard des idéologues ? Qu'ont fait les journaux, que veulent leurs avocats ? Si la lumière devait jaillir, ne serions-nous pas déjà éclairés ? Quand on soulève un peu le boisseau, il ne s'en échappe que haine, esprit de parti, médisance ou calomnie. Pour eux voilà le progrès.............. Sont-ils autre chose qu'une bave empestée de la civilisation ? Sont-ils le résultat de cette éducation répandue à si grands frais dans les masses par le libéralisme de tous les pouvoirs ? Non, car les sociétés échapperont un jour à ces trafiquants de la pensée et de l'intelligence, elles échapperont à la dent venimeuse de tous ces marchands de paroles !

Vous qui voulez la presse, vous qui vous dites les apôtres de sa liberté, avant de lui offrir votre sang et de vouloir être ses martyrs, donnez-lui donc un peu de votre temps, de votre travail et de votre science pour trouver un système nouveau de publicité et n'avoir plus qu'un seul organe de la pensée où pourront se produire toutes les grandes idées d'un véritable progrès, où tout noble cœur pourra s'exprimer sans avoir à craindre les blessures d'une plume mer-

(*) Ces lignes furent écrites pendant un plaidoyer de l'avocat Jules Favre en faveur d'un journal de notre localité, poursuivi pour manœuvres dans les précédentes élections. — Comme toujous, le futur académicien se montra à la hauteur de son émule, le grand Frédéric Lemaître

cenaire ou la morsure d'une bouche vendue à un homme ou à un parti. . . . .

. . . .

Et maintenant touchant à la question brûlante qui vient d'agiter la nation ; vous tous quelle que soit votre origine, quelles que soient vos passions ; vous, tristes champions qui donnez à la justice du pays le spectacle d'un pugilat sans utilité ; est-il un de vous qui ait osé toucher du doigt cette plaie encore saignante, un de vous qui ait pu émettre l'idée bien consolante pour un gouvernement issu du suffrage universel, que si Paris lui manquait, la France lui reste. — Cette idée nous est venue à nous, bons paysans, qui rêvons parfois de prospérité générale en contemplant avec bonheur notre fortune particulière ; cette idée bien simple et pourtant bien positive, qu'en lisant les noms des électeurs de Paris on les trouve en plus grand nombre qu'ailleurs d'origine étrangère, appartenant, dans des proportions très-notables, à des citoyens dont la langue n'a pu encore se façonner à notre idiôme national et qui pourraient peut-être en un jour de crise se rallier à cette meute aux abois, à cette émeute traquée depuis dix ans dans son antre sordide, haletante, l'oreille aux aguets, l'œil avide, le museau sale et la gueule affamée.......

Oui, pour nous autre Français, pour nous, fils de ces soldats qui, sur tous les champs de bataille de l'Europe, ont marqué de leur sang la marche triomphale du drapeau de la France, pour nous (puissiez-vous nous entendre M. Thiers), l'histoire de la révolution, l'histoire morale et politique d'un grand peuple, l'histoire passée, présente et avenir d'une glorieuse époque ; cette histoire se trouve en entier dans une seule strophe de l'illustre poète qui sauva la Patrie par un mot lancé à travers l'orgie d'une populace en délire ; cette histoire est là :

Quand un siècle vieilli de ses mains se déchire
En jetant dans ses fers un cri de liberté
Un héros tout-à-coup de la poudre se lève
Le frappe avec son sceptre, il s'éveille et le rêve
Tombe devant la vérité.......

Ce héros, quel fût-il? Quel est son héritier? Son successeur naturel et légitime est celui qui inscrivit Sébastopol, Magenta et Solférino après Marengo, Austerlitz et Wagram ; celui qui nous a dit : Quand la France est satisfaite le monde est tranquille. C'est Napoléon III ! — Place à la France ! Place à l'Empereur !!.....

. . . . , ...

CATHÉCHISME

A L'USAGE

DE

DEUX MAIRES DE CAMPAGNES

D'UN

D'UN JUGE DE PAIX ET D'UN POMPIER

19 MARS 1867.

Pourquoi la République est-elle la forme de gouvernement la plus impraticable en France ?

Parce que depuis qu'il y a des élections municipales, il ne s'est jamais rencontré un seul candidat frappé d'ostracisme qui se soit écrié à l'exemple de ce sage d'Athènes : Je rends grâce aux dieux qu'on ait trouvé dix-huit citoyens meilleurs que moi...

Quel est le plus sûr moyen de ne pas se tromper ?

C'est de ne jamais avoir d'opinions définitivement arrêtées sur quoi que ce soit, et de tenir en réserve l'argument de certains faux habiles qui vous disent toujours après coup : Je m'en doutais bien, je vous l'avais bien dit.

EXEMPLE :

Êtes-vous poète ?

Non, la poésie n'est qu'enthousiasme et illusions ; c'est la plus délicieuse des folies, ce n'est donc pas la vérité....

Vous êtes donc réaliste ?

Encore moins ; le réalisme est un fils de l'égoïsme qui engendre plus de petites passions que de légitimes ambitions, et devient le plus immortel ennemi de tout perfectionnement.....

Qu'êtes-vous donc alors ?

Qui le sait. — Je suis moi.....

Qu'est-ce qu'un sot ?

Balzac a dit : Un sot est celui qui ne justifie en rien l'opinion qu'il a de lui-même.

Boileau. Le plus sot animal, à mon avis, c'est l'homme (1).

Un autre. Un sot fut ce tribun joufflu qui sauta par un vasistas pour échapper à l'incendie ranimé au vent de sa parole ampoulée....

Que sont les actes, et que sont les paroles ?

Les actes sont des mâles ou des hommes, les paroles des femelles ou des femmes, trop souvent de viles courtisanes vendues à un homme ou à un parti, et qui se paient toujours d'autant plus cher qu'elles sont plus belles. — Donc les sociétés ne seront grandes, puissantes et libres qu'en échappant à l'exploitation des marchands de paroles qui sont les avocats et les journalistes...

Qu'est-ce que le progrès ?

Si le progrès est l'élan d'un peuple vers l'amélio ration et le perfectionnement des institutions, des hommes et des choses, il ne peut tendre au renversement ni à la révolution sans être réaction et sans perdre fatalement le bénéfice de tout le temps et de

---

(1) Boileau : . . . . Du Pérou jusqu'à Rome,
Le plus sot animal, à mon avis, c'est l'homme.

tout le sang dépensés pour les bases et le couronnement de l'édifice social.

Pourquoi l'Aigle est-il l'emblême héraldique des empires ?

Parce que l'Aigle seul peut regarder le soleil en face sans en être ébloui.....

Le Lis n'est plus qu'un emblême poétique qui n'appartient qu'aux rois seulement, et dont le prestige s'efface en se siècle d'argent sans chevalerie.....

Le Coq est un petit bourgeois à l'usage de ceux qui font toujours de la révolution sans le savoir.....

Pour nous, chrétiens et Français, est-il une personnalité plus noble, plus grande et plus imposante que Napoléon III ?

Oui.

Quelle est-elle ?

Jésus-Christ !

O gloire, qu'es-tu donc ?

Peut-être une arrière petite-fille de cette éternité qui, perdue dans l'espace au milieu des évolutions des mondes, vint poser son pied sur la terre pour mettre sa tête dans le ciel !....

La gloire n'est qu'un nom, la vertu qu'un vain mot,
Qui se garde à carreau ne peut être capot.

ÉSOPE, de Saint-Pompain.

17 NOVEMBRE 1869.

Que dit ce prétendu manifeste signé Bancel, Jules Favre et Cie ? Cherchons bien :

En ce beau pays qui s'appelle la France, il es encore heureusement pas mal de bons et braves citoyens qui préfèrent être gouvernés que de gouverner. — Ils ne veulent point se dire patriotes depuis qu'en langage de presse il est convenu qu'on désigne ainsi ceux qui se trouvent armés contre tout gouvernement établi.

Ils travaillent avec une ambition qui a pour but la prospérité de leur fortune en vue du bonheur de leur famille, et mettent leur gloire à prétendre qu'en obtenant le double du sillon qu'ils ont tracé avec courage et intelligence, ils ont mieux servi leur pays que leur voisin l'encroûté, le bavard, l'ivrogne et le fainéant....

. . . .

Malgré toute la bonne volonté possible, ils se voient forcés d'avouer qu'ils n'ont failli s'apercevoir qu'une seule fois, c'est en 48, qu'aucune honnête liberté leur ait pû manquer. Et ils déclarent qu'ils dormiront parfaitement tranquille, tant qu'il y aura un Code Napoléon, des lois, une magistrature intègre et un gendarme pour le respect et la force du tout...

. . . .

Voilà cependant qu'il se présente une société d'assurance qui fait ses offres de service, au nom de quoi? D'une liberté dont on parle depuis bien longtemps, sans songer qu'elle n'a pas encore été exactement définie; et de l'abolition du pouvoir ou du gouvernement personnel, mots nouveaux, nouvelle rengraine aussi difficile à expliquer. . . . . . faible capital! faible garantie!. . . . . .

Ces messieurs de l'assurance crient modestement : il nous faut des réformes, elles sont urgentes, indispensables, hors de contestation pour tous les esprits éclairés. La première touche à l'élection du Corps législatif! Le gouvernement du pays par lui-même, pour et par la liberté!

Nous vous croyons donc puisque vous êtes des esprits éclairés, bien éclairés, peut-être à l'huile de pétrole. . . .

. . . .

A ce moment passe une chasse dans la forêt voisine; on entend le fouet et la voix du veneur : Aaï, arrête Vainqueur! bellement Triompheau arrête! bavards de chiens, c'est le contre; aaï, aaï!!!

Et le brave homme de reprendre : Vous avez raison mes bons messieurs; c'est cette chambre qu'il faut changer d'abord; cette chambre où il y a près de 400 braillards qui ne seront jamais d'accord; cette chambre où il y a une gauche, une droite, pas de centre, un tiers, un demi-tiers parti; le diable et son train avec ses cornes et sa queue, et son poil qui roussit et qui pue...... C'est cette chambre que nous payons si cher pour nous faire des lois et perfectionner nos institutions, et qui ne produit guère autre chose que des disputes; cette chambre où nos affaires devraient se traiter sans arrière-pensée d'intérêt personnel, sans rancune, sans haine, sans esprit de parti, avec la seule ambition du bien général; et non comme font messieurs les députés pour toute question soulevée, qui avant tout, n'a plus ou moins de valeur pour eux, que selon qu'elle proviendra d'eux ou de leurs amis et que la solution en sera à l'avantage d'un tel ou d'un tel qu'ils aiment et qu'ils suivent...

. . . .

Ah! quand nous seront véritablement les maîtres, quand nous serons libres, libres-penseurs aussi nous; quand nous serons rois, les seuls héritiers du grand roi soleil; quand l'état sera nous, nous le peuple, le vrai peuple, le peuple souverain! le peuple qui agit, qu iproduit et qui pense; eh bien! le premier acte de notre pouvoir serait de réaliser une économie de députés; nous n'en voudrions que deux par département, c'est bien assez. Puis, pour rester convaincus que ce seront d'honnêtes gens qui représenteront bien nos intérêts et nos opinions du moment; nous en confierons le choix à nos maires, aux conseillers cantonaux et aux conseillers départementaux; ceux que nous avons tous désignés avec connaissance de cause parce qu'ils sont eux aussi de braves citoyens en qui nous avons confiance; qu'ils sont nos amis, qu'ils nous aident tous les jours de leurs conseils et de leurs lumières; qu'ils demeurent près de nous; qu'ils sont toujours disposés à nous laisser leur parler de nos idées; et enfin parce qu'ils sont peut-être capables eux de faire accepter à nos députés ce que vous appelez le mandat impératif dont vous ne voulez pas, et qui constitue pour tant le délégué comme le commettant.

Pour sanctionner ce système gouvernemental nous

pourrions êtres appelés à voter par oui ou par non, comme quand nous avons proclamé le neveu de son oncle.

Au lendemain de cette première réforme, nous songerions à calmer un peu toutes ces grandes et petites ambitions qui grouillent autour du pouvoir, et nons demanderions s''il ne serait pas possible d'avoir à la tête des huit grands départements administratifs huit Excellences, ne portant pas d'autre nom que celui du portefeuille qu'elles ont sous le bras; invisible comme Dieu; mais discutant par écrit devant les chambres et le pays les actes de leur administration, et représentées, dans les cas indispensables, par une personnalité d'emprunt appropriée à la circonstance.....

. . . .

Puis nous proposerions..... mais nous devenons bavards aussi nous; et la raison sociale Bancel, Jules Favre et Cie n'écoute plus; elle a froncé le sourcil; penseraient-ils à saisir ces autres armes dont ils parlent? Oh! non, ce serait mal, car alors leur montrant de rudes poings et le sabre de nos pères, nous leur crierions à eux, comme à leurs concurrents, leurs élèves révoltés, les galopins de la banlieue: Arrière, foutus marchands de mauvaises paroles, patriotes de pacotilles, pédagogues vaniteux et enroués! Arrière donc, c'est encore la France qui s'avance avec le chef qu'elle a choisi! Ils sont pressés, n'entravez pas leur marche; arrière, arrière...... et puis découvrez-vous!!!

. . . .

Et bientôt peut-être, pourrions-nous convoquer toutes les nations du monde à l'apothéose de la

France, ou à la lueur de feux électriques effaçant l'éclat du soleil, on la verrait avec son Paris moderne, tout son Paris de marbre et d'or, de savants et d'artistes; et son grand peuple de travailleurs acclamant la dynastie du génie et de la liberté.....

. . . .

Et dans la forêt voine s'entend le bien-aller du veneur; et le bon gendarme se pâme de bonheur dans ses bottes d'ordonnance, en fredonnant le *Chant du Départ*, la *Marseillaise*, les *Girondins*, voir même la *Parisienne*; tout sur l'air de :

Veillons au salut de l'Empire,
Veillons au maintien de ses lois.

Ainsi soit-il !

16 NOVEMBRE 1871.

—

Hier j'assistais à une conversation concernant le rôle que le journalisme joue depuis longtemps en France, et on attribuait à la presse une large part de responsabilité dans des malheurs dont une des conséquences matérielle et forcée est de nous voir grevés d'impôts de toutes sortes . . . . .

. . . .

Mon ami Patochon qui n'est point un mauvais homme, nous offrait peut-être un remède, en disant : Si j'étais gouvernement, je promulguerais cette loi :

Art. 1er. — La presse est complètement libre.

Art. 2. — Tout procès, toute contestation en provenance de la publicité d'écrits imprimés soit de particuliers à particuliers, soit d'administration à particuliers, sera porté devant le tribunal civil de première instance du lieu où cette publicité se sera produite.

Art. 3. — En outre des frais déjà spécifiés par la loi, la partie qui succombera sera passible envers l'État d'une amende de cinquante mille francs, recouvrables par tous les moyens en vigueur (1).

(1) Pour l'application de cette loi, l'État, par suite de son recours contre tous les tenants et les aboutissants, solidairement responsables, peut se trouver en droit d'opérer, à son profit, la saisie d'un outillage d'imprimerie.

Le contribuable chargé de soutenir le susdit projet aura beau jeu pour dire : Allons, Messieurs les menteurs, les insulteurs et les diffamateurs, la main à la bourse en même temps que sur la conscience et passez-vous votre luxe !

10 NOVEMBRE 1871.

—

En lisant l'interminable message du président de notre République, pourquoi nous semble-t-il donc à nous autres, payans, voir un petit gâte-sauce brassant de la bouillie pour les chats dans la grande marmite des Invalides.

Puis nous songeons malgré nous à une autre époque et à cet autre chef d'une grande et noble nation, qui s'emparait d'une main solide et autorisée, du gouvernement et nous entraînait en disant : « Quand la France est satisfaite, le monde est tranquille. »

Et ne sommes-nous pas bien tentés de pardonner à ce même chef, s'il a eu peut-être le tort, dans son dernier message, de surrexciter la rage impatiente de l'hydre de l'anarchie par ces paroles qu'il croyait sans doute hélas ! :

« Quant à l'ordre, j'en réponds. »

7 JANVIER 1872.

Devant cet opuscule, tous les gobe-mouches de France s'écrieront : Il est bigrement bonapartiste ce vieux Manzuth! — Moi, je leur réponds : Non, non, non! je suis impérialite!... Puisque malheureusement l'hérédité du pouvoir, par droit divin, est devenue désormais impossible en France; que la volonté du peuple soit faite! Que M. Thiers ou un prince d'Orléans quelconque; que le fou gueux Gambetta, ou voire même le failli Mottu, nous offre une garantie de puissance susceptible de nous faire croire à vingt années d'ordre et de progrès comme celles que nous avons traversé avec notre dernier tyran! Que celui-là se produise franchement, et je l'acclame empereur, et je lui vote toute la portion disponible de mon budget personnel pour les lampions de sa fête! L'Empereur est mort, vive l'Empereur!...

15 AOUT 1873.

« Si le progrès est l'élan d'un peuple vers
» l'amélioration et le perfectionnement
» des institutions, des hommes et des
» choses; il ne peut tendre au renverse-
» ment ni à la révolution sans être réac-
» tion et sans perdre fatalement le bé-
» néfice du temps et du sang dépensés
» pour les bases et le couronnement de
» l'édifice social. » (Un paysan socialiste).

Je suis peut-être un âne; mais comme je n'ai jamais su ruer, on ne pourrait m'accuser de vouloir lancer le coup de pied de fin à une bête expirante. D'ailleurs, je ne ferai que répéter ce qu'on a pu souvent m'entendre dire à diverses époques de nos malheurs.

En un jour de honte nationale, avec l'aide ou la complicité des baïonnettes étrangères, l'infamie des infamies baptisée 4 Septembre, fut accomplie par d'gnobles voraces qui auraient peut-être pu trouver devant l'histoire une excuse à leur crime, s'ils se fussent montrés capables de conjurer le mal au lieu de l'aggraver pour leur profit, s'ils n'avaient essayé plus tard de se justifier en criant à la trahison — comme le larron soupçonné qui se sauve en criant au voleur...

Après le plus odieux des attentats, que devait-il se passer dans notre maheureux pays rongé sur tous les points par la gangréne du fonctionnarisme compliqué de politico-manie, funeste épidémie arrivée déjà à son paroxymes du temps du bon roi citoyen, ce pauvre tyran qui, a propos d'un banquet au veau et à la salade, laissa tomber, en ce qu'on appelle République, le pouvoir qu'il détenait contre le principe du droit divin, sans recours à la sanction du droit du peuple ?

Nous ne savons que trop ce qui arrivera ; nous qui avions éprouvé une lueur d'espoir en voyant un dictateur tomber d'un ballon. Mais hélas ! c'était un fou ; non pas un fou furieux, comme on a bien voulu le dire, mais un maniaque atteint de ce triste genre de folie qui fait qu'à Bicêtre ou à Charenton on a pu rencontrer des malheureux jouant aux Louis XIV, au Voltaire, au Turenne ou au Mirabeau, comme il croyait lui-même jouer au Napoléon. — Aussi, ne puis-je oublier qu'un jour de cette lugubre époque, j'entendis comparer la France, dirigée par un tel chef, à cette nation d'un roman d'Eugène Sue, peuplade sauvage d'idiots peaux rouges, s'administrant et guerroyant à outrance sous les ordres de son monarque Gambada Ier dont l'occupation favorite consistait à se parer de plumes de paon pour couver des œufs d'autruche.

De fil en aiguille nous arrivons à la réunion d'une Assemblée nationale, qui, dans son respect pour l'opinion publique, ne put se dispenser d'appeler au pouvoir l'élu des 26 départements les plus atteints de la fièvre du pétit bourgeoisisme.

Arrive donc M. Thiers, cette plate et mesquine doublure de notre grand poëte Lamartine ; M. Thiers se figurant toujours que les lambeaux de sa gloire d'historien et de littérateur devaient être d'une importance indispensable pour la cuisine administrative du pays ; M. Thiers, surnommé Foutriquet par un maréchal de France, tandis qu'un journal nous le représentait sous le costume d'un petit mitron remuant à l'envers une sauce politique. Voilà ce petit despote, Talleyrant minuscule qui, partout et plus que jamais, insinue l'illégalité et la désorganisation sous prétexte d'ordre et de légalité s'accrochant à toutes sortes de de ficelles habilement tendues pour nous imposer un gouvernement de petits bonshomme qui travaillent sous la baguette de Polichinelle...

La postérité pourra-t-elle admettre que le premier caporal venu, investi de pouvoirs semblables aux siens n'eut pas arrêtés à ses débuts la Commune, cette horrible fille du 4 Sedtembre ? Voudra-t-elle même attribuer à M. Thiers une influence quelconque dans la libération de notre territoire, quand elle sera bien édifiée sur le mérite et le caractèr du diplomate chargé de conduire directement les négociations ?...

Nous avons traversé deux longues années sous cette autorité cocasse qui, à l'aide d'une politique à bascule, flattait tous les partis en stimulant tous les instincts des basses intrigues pour surexciter les appétits ridicules de tous les petits marchands de paroles, désireux de poser en grands hommes d'Etat. — Nous avons vécus sous ce pouvoir sans idées, qui a réussi trop longtemps à accaparer les timides honnêtes gens, et à exploiter l'Assemblée elle-même, en fabriquant des mots de circonstance, gonflés d'un semblant de pensées généreuse : l'équilibre européen, les libertés nécessaires, la République conservatrice, l'essai loyal, etc., n'ont seulement pas abouti au perfectionnement des pains à cacheter ni à la canalisation du Mignon. (1)

Assez, assez, car voici que le vent du Ciel se mit à

---

(1) Mignon, petit fleuve vaseux du département des Deux-Sèvres.

souffler pour faire chavirer la barraque des marionnettes. Dieu protége encore la France ! L'Assemblée souveraine, poussée enfin à bout par le succès électoral des apôtres de l'anarchie morale et matérielle, songea tout-à-coup à bien mériter de la patrie ; elle cherche et trouve l'honnête soldat assez complétement désintéressé, assez gentilhomme et grand seigneur, pour avoir forcé à arrêter au tas d'ordures du dehors, les salles plaisanteries, les injures et les calomnies de la fabrique du 4 Septembre. Elle remet enfin nos destinées sous la garde d'une illustre, loyale, modeste, mais solide épée.

Pour ceux qui sentent encore dans leurs veines quelques gouttes de vieux sang français ; le Maréchal de Mac-Mahon, duc de Magenta, n'est-ce pas la colonne de la grande armée dans le sentier où devait nous guider le panache blanc du Béarnais.

Vive la France !!!

A Napoléon IV, au jeune et noble proscrit,
SOUVENIR, ESPOIR ET SALUT !

---

31 DÉCEMBRE 1873.

—

ENTRE CONSERVATEURS ; AU SUJET DE LA FUSION.

—

Un Bonapartiste : — Selon moi, le second Empire donna à la France toutes les garanties possibles de progrès par l'ordre ; et aucun gouvernement ne fut plus démocratique ; puisque pendant son existence, aucune modification importante n'a été faite à la constitution du pays sans être sanctionnée aussitôt par le suffrage universel.

Un Orléaniste : — Penseriez-vous que Napoléon III fut descendu tranquillement du pouvoir si les plébiscites n'eussent répondu victorieusement à ses questions ?

L'Impérialiste : — Et croyez-vous que la branche cadette, que les princes d'Orléans eussent consenti à toutes les petites manœuvres de leur parti, si Henri V eut eu des descendants directs ?

Un Légitimiste : — Au souvenir de 1830 et des intrigues de l'hôtel Lafitte, on ne doit donc pas s'étonner que l'héritier légitime des Bourbons, le comte de Chambord, dans sa loyale dignité et par sollicitude pour l'avenir de la nation, ait songé à retourner le mot célèbre du bonhomme Lafayette en déclarant que le roi de France habillé en roi citoyen ne ferait plus que la pire des républiques...

Dans le lointain ; chœur d'honnêtes ouvriers et de braves paysans, tous patriotes, mais point orateurs ni hommes d'Etat :

Avec la permission de MM. Leduc, d'Audiffret et Pasquier, un seul Dieu en trois personnes : Embrassez-vous ! Embrassons-nous ! Embrassez-vous ! Et que ça finisse.... Par la volonté nationale !

---

2 FÉVRIER 1874.

—

PATOCHON LEGISLATEUR.

—

Hier, au cercle de l'endroit, la clôture récente de la chasse fit tomber la conversation sur la diminution de plus en plus sensible du gibier ; et sur les moyens d'empêcher le braconnage de manière à obtenir un repeuplement naturel et régulier.

L'un proposait l'embrigadement des gardes-champêtres ; l'autre préconisait l'augmentation considérable du prix de la poudre : un troisième voulait qu'on obligeât les communes à mettre en ferme le droit de chasse, etc., etc.

Mon voisin Patochon dont j'ai absorbé toutes les sympathies depuis qu'il m'a entendu pousser cette maxime politique : La République est le gouvernement le plus impossible en France ; parce que depuis qu'on y fait des élections municipales, il ne s'y est pas rencontré un candidat frappé d'ostracisme s'écriant à l'exemple du sage d'Athènes : remerciant le ciel de ce qu'on ait pu trouver 18 citoyens meilleurs que moi ! » Donc, *ergo ijitur quamobrem* ; pas de vertus, moins de République ? »

Or, *sic locutus est* Patochon : Si, comme on l'a dit souvent, la chasse est l'image de la guerre et le délassement des grands ; il me paraît naturel et uste d'en faire un plaisir de luxe qui se paierait en proportion des jouissances promises aux tribus d'Esaü ou de Nemrod et aux adeptes de Saint-Hubert.

Je crois qu'un moyen bien simple serait d'intéresser tous les cultivateurs du sol à la conservation et à la reproduction du gibier en établissant que désormais, tout en réservant les droits déjà sauvegardés par la loi de 1834, la portion du prix du permis de chasse qui revient actuellement au budget de la commune où ce permis est délivré, serait supprimée pour être remplacée par un abonnement de 5 fr. perçu au bénéfice de chaque commune ou le droit s'exercerait, et constaté par l'apposition préalable du cachet de la mairie, en destinant le produit de cet abonnement à l'acquit de l'impôt des prestations en nature et aux frais d'établissement ou d'entretien des chemins d'exploitation rurale.

De cette sorte, chaque commune pour le produit de son territoire trouverait un nombre d'abonnés en raison directe du plus ou moins de gibier qui s'y rencontrerait. Le grand comme le petit cultivateur qui nourrit le gibier et qui a plus que personne à souffrir de l'exercice du droit de chasse en deviendrait le protecteur en vue des compensations qu'il trouverait pour la facilité de sa culture, et de l'exemption de charges dont l'importance se trouve aussi en raison directe de la superficie cultivée.

Alors, tel fermier qui sans permis, et à l'aide d'une chanterelle placée au mur de sa maison, tue chaque année dans son aire ou son jardin une soixantaine de perdreaux ; tel petit bordier, tel meunier du moulin-à-vent isolé en plaine qui par le même moyen, ou avec des engins prohibés, souvent même avec la participation du braconnier, cabaretier au village voisin, se livrent de jour et de nuit à des destructions sans limites; tous se verraient sans doute empêchés soit par les raisons d'avantages particulières, soit par la surveillance aussi intéressées des autres cultivateurs riverains....

Dixit Patochon! Et son idée m'a paru tellement juste, libérale et facile à appliquer, que je n'ai pu résister au plaisir de la livrer à l'appréciation des hommes plus compétents.

---

24 MAI 1874.

—

Pourquoi suis-je plus Impérialiste que jamais ?

Parce qu'il m'est trop démontré aujourd'hui, que de tous les gouvernements sous les quels j'ai vécu depuis que je me connais, celui de l'Empereur Napoléon III, tant qu'il ne fut pas l'Empire libéral, est le seul qui ait donné à la France des garanties sérieuses de prospérité et de progrès par l'ordre et avec l'ordre ; et qu'il fut le seul assez franchement démocratique pour maintenir muselé pendant 20 ans l'hydre de l'anarchie, tout en marchant pour le peuple et avec le peuple au perfectionnement des institutions du pays.

Sous la monarchie de juillet, la tranquilité relative dont jouissait la société favorisa l'avènement de littérateurs, de savants, d'éçonomistes et d'académiciens distingués, mais qui ne furent malheureusement presque tous que le produit du commerce incestueux de la *Revue des Deux mondes* et du *Journal des Débats* ; car ils dégénérèrent bien vite au mauvais vent de l'ambition, de l'outrecuidance et de la cupidité, pour ne faire que de la politique de midi à quatorze heures en plaçant toujours la charrue devant les bœufs.

Alors n'est-il pas permis de soupçonner que ce fut de ce gouvernement issus d'une révolution bâtarde que date cette génération d'orateurs et d'hommes d'Etat avec ou sans talent ; cette fourmilière d'importants quand même, de Machivials espiègles dont Thiers et Gambetta sont les chefs d'école; et qui n'hésitent jamais à élever l'échaffaudage de leur fortune, de leur gloire ou de leur popularité sur la ruiné ou la honte de la nation,

Quand je pense maintenant à l'immense soulagement qu'éprouvèrent, il y a un an, les honnêtes gens et les modestes travailleurs à la nouvelle de l'acte de bon sens et de patriotisme accompli par l'Assemblée; je me dis, qu'en attelant au char de l'Etat les ducs de Broglie et d'Audifred ensemble, avec Foutriquet en flèche, nous partirions aux grandes allures pour rester en place ou pour verser bêtement sur la route d'Orléans.

En face des représentants inconscients du principe révolutionnaire, la société peut-elle hésiter un instant à chercher son salut avec le représentant du puissant génie qui fit la France si glorieuse pour pouvoir dire à la révolution : Tu n'iras pas plus loin !

L'essai loyai nous a je pense assez démontré que la République est incapable de s'adapter au caractère, au mœurs pas plus qu'au tempéramment de la France.

Et si l'antique dynastie des rois de France doit fatalement s'éteindre en la personne de son héritier légitime Henri V, rangeons-nous donc sincèremment sous la bannière du Bayard moderne qu'il nous a désigné; jusqu'au jour ou la volonté nationale devra se prononcer pour nous permettre d'acclamer encore notre Empereur, l'héritier direct et légitime des Napoléons, de celui qui inspirait notre grand poète quand il nous légua toute l'histoire morale et politique de notre époque en cette seule strophe :

Aussi, dans les accès d'un impuissant délire
Quand un siècle vieilli de ses mains se déchire
En jetant dans ses fers un cri de liberté,
Un héros tout-à-coup de la poudre s'élève,
Le frappe avec son sceptre... Il s'éveille et le rêve
Tombe devant la vérité!

Saint-Maixent, Imp. de LA SÈVRE. — GUETTE et LÉVESQUE.

www.ingramcontent.com/pod-product-compliance
Lightning Source LLC
LaVergne TN
LVHW010303230826
846091LV00007BB/2686

* 9 7 8 2 0 1 1 7 5 2 1 5 4 *